가상 현실이 어떻게 가능할까?

민음 바칼로레아 051

가상 현실이
어떻게 가능할까?

로돌프 즐랭 | 이광근 감수 | 김성희 옮김

민음in

질문 : 가상 현실이 어떻게 가능할까?

입체 만화영화를 보던 아이가 날아오는 공을 잡으려고 손을 뻗친다. 영화에 몰입한 나머지 화면 속의 공이 실제로 자기를 향해 날아온다고 착각한 것이다. 이처럼 너무나 실제 같은 가상 현실이 실제로 몸담고 있는 현실을 대신하는 경우가 점점 많아지고 있다. 이제는 운전 연습을 하거나 항공기 조종법을 익힐 때에도 가상 현실을 이용한 시뮬레이터를 통해 훈련을 받는다. 이 덕분에 서투른 기술로 위험한 모험을 하지 않을 수 있게 되었다.

가상 현실은 실제가 아니다. 하지만 그곳에서 이루어지는 우리의 체험까지 가짜는 아니다. 가상 현실은 그것을 이용하는 사람에게 새로운 경험이 펼쳐지는 살아 있는 현실이 되고, 앞으로 점점 더 자주 새로운 현실로서 우리에게 다가올 것이다. 이 현실을 제대로 즐기면서 누리고 싶다면, 가상 현실이 무엇인지부터 알아야 한다. 그리고 가상 현실이라는 시스템이 어떻게 돌아가며, 어디에 쓰이는지도 자세히 알 필요가 있다.

1

가상 현실이란
무엇이고 어떻게 만들어질까?

가상 현실은 어떤 요소들로 이루어질까?

가상 현실은 항상 다음과 같은 네 가지 요소로 이루어진다.

첫째, **가상 세계**이다. 이것은 가상 현실을 만든 사람의 상상력에서 태어난 세계이기 때문에 사실적일 수도 있고, 그렇지 않을 수도 있다. 사실 우리는 책이나 영화에서 이런 현실들을 이미 많이 접해 보았다.

둘째, **몰입**이다. 이것은 몸담고 있는 현실 세계를 잊고 가상 세계에 빠져 드는 현상을 말한다. 마치 흥미진진한 책을 읽을 때 책 속에 빠져 드는 것과 같은 원리다. 가상 현실 시스템 제작자들은 몰입 효과를 높이기 위해 기술적인 도구를 사용한다.

예를 들어 벽과 바닥, 천장이 거대한 스크린으로 되어 있고, 스크린에는 가상 세계의 영상이 보이는 방이 있다고 상상해 보

자. 이것은 일명 '케이브'[*]라 불리는 가상 현실 시스템이다. 케이브 안에서는 어느 쪽으로 고개를 돌려도 가상 세계의 모습 외에는 아무것도 볼 수 없다. 몰입은 케이브 안에 있는 사람이 가상 세계에서 한 발 물러서 "저런 건 없어."라고 따지지 않고 자연스럽게 반응하도록 하기 위해 필요한 것이다.

🍎 셋째, **감각 피드백**이다. 케이브 안의 가상 세계에 몰입할 때 주로 사용되는 감각은 시각이다. 하지만 다른 네 가지 감각도 동원될 수 있다. 사실 가상 세계에서 이용되는 시각 피드백은 영화관이나 텔레비전, 컴퓨터 스크린을 통해 이미 많이 익숙해진 것이다. 그러므로 이 책에서는 다른 감각들의 피드백에 대해 더욱 자세히 알아볼 것이다.

🍎 넷째, **상호 작용성**이다. 이것이 바로 케이브의 가상 세계와 책이나 영화가 제공하는 가상 세계가 가장 큰 차이를 보이는 이유이다. 가상 현실 시스템 안에서 우리는 관객으로만 있는 게 아니라, 가상 세계의 배우가 된다. 가상 현실 제작자가 우리

● ● ● ●

케이브 미국 일리노이 대학교 가시 화면 연구소가 만든 가상 현실 시스템이다. 동굴(케이브, Cave)처럼 생긴 공간의 모든 벽에 스크린을 설치해, 그 안에 있는 사람이 현실 공간에 있는 것처럼 느끼게 한다. 사람의 시선이나 몸의 움직임에 따라 화면이 달라지기 때문에 현실감이 매우 뛰어나다.

에게 자신이 만든 세계를 제공하면, 우리는 그 세계 안에서 원하는 것을 할 수 있다. 심지어 가상 현실 속의 사과를 손에 들고 맛을 볼 수도 있다!

지금까지 얘기한 가상 현실을 이루는 네 가지 요소들에 대해 좀 더 자세히 살펴보기 위해 이제부터 유명한 과학자 한 사람을 등장시키려고 한다. 바로 나무에서 떨어지는 사과를 보면서 만유인력의 법칙을 발견한 아이작 뉴턴°이다.

그럼 뉴턴이 가상의 나무에서 가상의 사과가 떨어지는 것을 보면서 깨달음을 얻는 가상 현실 속으로 들어가 보자.

가상 현실은 어떻게 삼차원을 만드는가?

가상 현실 시스템에서 제일 먼저 보게 되는 것은 당연히 스크린 위의 합성 영상이다. 이때 사람들에게 강한 인상을 주기 위해 주위를 회전하며 여러 각도에서 물체를 촬영한 영상이 제

● ● ●

아이작 뉴턴(1642~1727) 영국의 물리학자이자 천문학자이다. 근대 과학 이론의 선구자로 불린다. 미적분법을 창시했고, 만유인력의 법칙을 발견했다. 주요 저서로는 『광학』과 『자연 철학의 수학적 원리(프린키피아)』가 있다.

공된다. 그런데 이런 현란한 영상은 물체의 입체감을 더해 주기도 하지만 멀미의 원인이 되기도 한다.

보통 스크린 위의 영상이나 벽에 걸려 있는 그림을 볼 때, 우리는 그림의 시점을 강요받는다. 예를 들어 「모나리자의 미소」라는 그림을 볼 때 모나리자의 등은 볼 수가 없다. 마찬가지로, 자동 단속 카메라가 속도를 위반한 오토바이를 정면에서 찍었을 경우, 그 오토바이의 뒤에 달린 번호판은 볼 수 없다.

그러나 가상 현실이 이용자에게 현실감을 주려면 물체들을 있는 그대로 보여 주어야 한다. 다시 말해, 물체를 이차원의 평면이 아닌 삼차원의 입체로 표현해야만 한다. 이것은 스크린에 영상을 띄우는 컴퓨터가 물체를 삼차원으로 기술함으로써 가능해진다. 그렇게 되면 관찰자는 스크린 속의 물체를 어떤 시점에서 바라볼지 선택할 수 있다.

예를 들어, 뉴턴의 사과나무를 스크린 위에 나타내 보자. 우선 나무의 몸통 부분을 높이 2.5미터에 지름 80센티미터의 밤색 수직 원기둥으로 표현하고, 무성한 잎들은 이 원기둥 위에 반지름이 2미터인 초록색 구가 놓인 것으로 나타낼 수 있다. 만약 이 나무에 잘 익은 사과가 달려 있는 모습을 표현하고 싶다면, 초록색 구 위에 반지름 5센티미터 정도의 빨간색 구들을 흩어 놓으면 된다. 이렇게 완성된 그림은 그래픽적인 면에서는 다소 불완전할 수 있지만, 이론상으로는 사과나무의 삼차원 영상을 스크린에 나타내는 데 필요한 것을 모두 갖춘 셈이다.

가상의 사과나무를 표현하는 구체적인 자료들이 파일에 기록되었다면, 이제 가상 현실 프로그램을 작동시켜 보자.

가상 현실 프로그램은 일단 자료 파일을 읽은 후, 앞에서 그린 사과나무를 우리가 선택한 시점에 따라 스크린에 옮겨 놓는다. 이 사과나무를 위에서 보면 빨간색 동그라미들이 찍힌 초록색 동그라미가 될 것이고, 옆에서 보면 빨간색 동그라미들이 찍힌 초록색 동그라미 아래로 밤색 직사각형이 서 있는 모습이 될 것이다. 그리고 아래에서 보면 빨간색 동그라미들이 찍힌 초록색 동그라미 가운데 밤색 동그라미가 박혀 있는 모습이 될 것이다.

가상 현실은 어떻게 움직임을 보여 주는가?

여러분이 작은 새가 되어 사과나무 주변을 날아다니고 있다고 상상해 보자.

이때 사과나무를 바라보는 새의 시점은 사과나무 옆에서 위로, 혹은 위에서 옆으로 연속해서 옮겨가게 된다. 따라서 사과나무를 담고 있는 가상 현실 프로그램도 옆에서 보는 사과나무의 모습과 위에서 보는 모습을 부드럽게 연결시켜 보여 줘야 한다. 즉, 빨간 동그라미들이 찍힌 초록색 동그라미가 밤색 직사각형 위에 얹혀 있는 모습과 초록색 동그라미에 빨간 동그라미들이 찍혀 있는 모습을 모두 보여 줘야 한다.

만약 우리가 실제로 새가 된다면, 사과나무 주위를 날아다니며 그것을 바라보는 우리의 시점은 한 시점에서 다른 시점으로 연속해서 옮겨가게 될 것이다. 하지만 안타깝게도 영화관이나 텔레비전의 경우와 마찬가지로, 컴퓨터가 조정하는 스크린 상의 화면은 우리의 시선처럼 끊어지지 않고 연속해서 움직일 수 없다. 현재까지의 기술로는 정지된 영상밖에는 보여 줄 수 없기 때문이다.

하지만 움직이는 물체를 짧은 시간 간격으로 찍은 영상들을 아주 빨리 연이어 보여 주는 방법으로 우리의 눈을 속일 수는 있다. 이것은 연속된 두 개의 정지 영상 사이에 '오버랩'을 만드는 눈의 능력, 즉 **시각 잔상 효과**˚를 노린 것이다.

우리 눈앞에 정지된 영상이 빠른 속도로 연속해 지나가면, 뇌는 시각 잔상 효과 때문에 실제로 연속되는 어떤 움직임을 보고 있다고 착각하게 된다. 그래서 우리는 영화를 볼 때 초당 25개씩 지나가는 정지된 영상을 보면서 연속된 움직임을 보고 있다고 생각한다. 가상 현실 프로그램에서도 물 흐르듯이 자연스러운 움직임을 보여 주기 위해 초당 100개의 정지된 영상이 우리 눈앞에 연이어 지나간다. 다시 말해 우리가 가상의 나무 주위를 날아다니는 새처럼 느끼려면, 100분의 1초마다 우리의 위치와 그 위치에서 보게 될 나무의 모습을 계산해서 스크린에 옮겨야 한다는 뜻이다.

이와 같이 관련된 모든 값을 다시 계산해야 하는 두 순간 사이의 간격을 **샘플링 주기**라고 한다. 가상 현실 제작자에게는 악몽과 같은 부분이다. 제작자는 이 계산이 보다 빠른 시간 안에 이루어질 수 있도록 항상 노력해야 한다. 그렇지 않으면 스크린에 보이는 물체의 움직임이 자연스럽게 이어지지 않고 뚝뚝 끊어져 보이기 때문에 이용자는 가상 세계에 있다는 느낌을 받지 못하게 된다. 요컨대 가상 현실 프로그램은 샘플링 주기에 맞춰 이용자의 요구에 빨리 대응하지 못하면 가상 현실에서 중요한 요소인 상호작용성에 문제를 일으키게 된다.

● ● ●

시각 잔상 효과 영상이 실제로 사람의 눈앞에 머문 시간보다 더 오랫동안 머릿속에 남아 있는 심리학적 현상이다. 영화에서는 이 현상을 이용해 하나하나의 정지된 컷들을 빠른 속도로 연결시켜 관객에게 보여 준다. 그러면 관객은 자신이 움직이는 영상을 보고 있다고 느끼게 된다.

가상 현실은 어떻게 입체 영상을 보여 주는가?

가상 현실을 만드는 작업은 보통 사람들이 생각하는 것 이상으로 매우 복잡하고 까다롭다.

과학 이론에 따르면, 우리가 사과와 사과 사진을 순식간에 구별할 수 있는 것은 두 눈을 가지고 있기 때문이다. 우리의 두 눈은 몇 센티미터 간격을 두고 떨어져 있어서 눈앞에 있는 물체에 대해 동일한 시점을 갖지 않는다. 왼쪽 눈은 아무래도 사과의 왼쪽을 더 많이 보고, 오른쪽 눈은 사과의 오른쪽을 더 많이 본다. 다만 두뇌가 양쪽 눈에서 서로 다르게 받아들인 정보를 종합해 입체감 있는 하나의 사과로 재구성하는 것이다. *

하지만 사진 속 사과를 볼 때에는 우리 두 눈 모두 정확히 똑같은 모습의 사과를 보게 된다. 그러면 우리 뇌는 두 눈이 받아들인 똑같은 정보를 종합해 그것이 실제 사과가 아닌 사진이라는 결론을 내린다.

가상 현실 제작자들은 샘플링 주기마다 오른쪽 눈을 위한

● ● ●

인간의 시지각 우리가 물체를 시각적으로 인지하는 과정에 대하여 자세히 알고 싶으면 민음 바칼로레아 시리즈 중 『우리는 어떻게 볼까?』를 참고하기 바란다.

영상과 왼쪽 눈을 위한 영상을 따로 계산한다. 영상에 입체감을 주기 위해서다. 두 눈이 서로 다른 각도에서 사과나무를 보게 되면, 뇌는 서로 다른 두 정보를 종합한다. 이 과정에서 우리 뇌는 완전히 평평한 사과 사진이 아닌 입체적인 실제 사과를 보고 있다고 느끼게 된다.

그런데 가상 현실 프로그램은 앞에서 말했듯이 자연스러운 움직임을 보여 주기 위해 초당 100개의 영상을 필요로 한다. 그리고 두 눈의 시점 차이를 고려하면 100분의 1초마다 두 개의 영상을 계산해야 한다. 곧 200분의 1초마다 하나의 영상을 계산하도록 샘플링 주기를 줄이는 것이다. 그렇다면 여기서 하나의 의문이 생긴다. 스크린이 처음에는 오른쪽 눈을 위한 영상을 보여 주고, 200분의 1초 후에 왼쪽 눈을 위한 영상을 보여 줄 때, 두 눈이 각각 서로 다른 해당 영상을 보도록 하려면 어떻게 해야 할까? 정답은 특수 안경을 이용하는 것이다.

화면을 입체적으로 보도록 고안된 특수 안경은, 오른쪽 눈을 위한 영상이 나올 때는 왼쪽 렌즈를 가리고, 왼쪽 눈을 위한 영상이 나올 때는 오른쪽 렌즈를 가린다. 다행히 우리 뇌는 시각 잔상 효과 덕분에 두 눈을 번갈아 가리고 있다는 사실을 알지 못한다. 그저 사과가 스크린 앞에 입체적으로 떠다니는 것처럼 보이는 놀라운 경험을 하게 된다.

특수 입체 안경을 쓰면 화면 속의 물체가 눈앞에 둥둥 떠 있는 것처럼 보인다.

가상 현실에는 왜 복잡한 기술이 필요할까?

이제 여러분도 어느 정도 짐작하겠지만, 가상 현실 프로그램은 200분의 1초라는 엄청나게 짧은 시간에 매우 많은 작업을 수행한다. 따라서 프로그램의 계산 알고리즘*이 적절하게 활용되려면 짧은 시간에 복잡한 많은 계산을 처리할 수 있어야 한다. 이를 위해서는 고성능 컴퓨터가 필수적이다.

사실 요즘 컴퓨터로 원기둥과 구로 된 사과나무처럼 간단한 물체를 나타내는 것은 간단한 일이다. 하지만 사과나무의 잎사귀 하나하나를 실물처럼 섬세하게 묘사하는 경우에도 자연스러운 그림이 나올지는 의문이다.

가상 현실 제작자들은 가상 세계의 물체를 회전시키는 경우가 많다. 이는 자신들이 만든 시스템의 성능과 화면에 나타난 물체의 삼차원적인 복잡성을 보여 주면서 자연스러운 그림을 만들기 위한 것이다.

컴퓨터 속도가 빠르고 알고리즘이 적절하게 활용되기만 하

● ● ●

알고리즘 어떤 문제의 해결을 위하여 입력된 자료를 토대로 하여 원하는 출력을 유도하여 내는 규칙의 집합을 일컫는 컴퓨터 용어다. 여러 단계의 유한 집합으로 구성되는데, 각 단계는 하나 또는 그 이상의 연상을 필요로 한다.

면, 사과나무를 바라보는 시점을 초당 200번 정도 다시 계산하는 일은 충분히 가능하다. 그리고 이런 과정을 통해 화면에 나타난 물체의 회전 동작은 아주 자연스럽다. 하지만 이런 조건들을 제대로 갖추지 못한 경우에는, 찰리 채플린*의 영화에서처럼 동작이 끊어지는 어색한 장면들을 보게 될 것이다.

가상 현실이 실시간에 맞춰 작동할 수 있을까?

앞에서 우리는 시점을 계산해야 하는 속도가 샘플링 주기에 따라 달라진다는 것을 보았다. 샘플링 주기는 가상 현실 프로그램의 영상에서 재생되는 모든 물리적 현상들의 현실감을 좌우한다. 이때 가상 현실이 현실감을 유지하기 위해 엄격하게 지켜야 하는(200분의 1초 안에 작업을 끝내야 하는) 샘플링 주기에 해당하는 시간을 가리켜 '실시간'이라고 한다.

● ● ●

찰리 채플린(1889~1977) 영국의 희극 배우이자 영화 감독 겸 제작자이다. 무성 영화와 유성 영화를 넘나들며 「황금광 시대」, 「모던 타임스」, 「위대한 독재자」와 같은 대작을 만들었다. 콧수염과 모닝코트로 상징되는 이미지로 세계적인 인기를 얻었으며, 1975년에 엘리자베스 여왕으로부터 기사 직위를 받았다.

우리가 살고 있는 실제 세계에서 그 유명한 뉴턴의 사과는 중력의 영향을 받아 3미터짜리 사과나무 꼭대기에서 0.782초 만에 땅으로 떨어진다. 여기서 사과가 달려 있던 높이를 h라고 하고, 땅으로 떨어지는 시간을 t라고 하자. 중력이 만들어 내는 가속도($9.8\text{m}/\text{s}^2$)를 알면, 높이와 추락 시간의 관계를 다음과 같은 식으로 나타낼 수 있다.

$$h = \frac{1}{2} \times g \times t^2$$

혹은 역으로,

$$t = \sqrt{\frac{2h}{g}}$$

뉴턴이 떨어지는 사과를 관찰하는 장면을 가상 현실 프로그램에 담으려고 한다면, 가상의 사과 역시 0.782초 만에 떨어져야 한다. 그렇지 않을 경우, 가상 현실 속의 뉴턴은 자신의 이론을 다시 검토해야 할 것이다.

어쨌든 이런 가상 현실 프로그램에서는 스크린 위의 사과를 현실감 있게 나타내기 위해 사과의 새로운 위치를 초당 200번이나 다시 계산해야 한다. 그런데 다행히도 요즘 컴퓨터는 이

일을 할 수 있다. 그러므로 사과가 나뭇가지에서부터 땅에 이르기까지, 지나가는 모든 위치들을 계산해 실시간을 지키는 일은 얼마든지 가능하다.

그런데 여기서 우리는 중력이라는 물리적인 현상만을 고려했다. 실제로는 다른 물리적 현상들도 고려되어야 하는데 말이다. 때에 따라 바람이 불거나 비가 내릴 수도 있고, 땅의 성질에 따라 떨어진 사과가 땅에서 튀어 오를 수도 있다. 이런 모든 현상들은 물리 엔진˚이라는 가상 현실 프로그램의 새로운 모듈˚에 의해 시뮬레이션˚화된다.

물리 엔진이 점점 더 현실적이 될수록 계산은 더 복잡해지고 계산 시간도 길어진다. 이런 경우에도 계속 실시간을 유지하는 것이 우리가 풀어야 할 숙제이다.

● ● ●

물리 엔진 실제 물리적 현상, 즉 고속에서 자동차의 핸들을 급하게 꺾으면 자동차가 미끄러진다거나, 핸들을 역방향으로 꺾었다가 정방향으로 다시 꺾으면 타이어가 미끄러지는 것과 같은 현상을 사실적으로 표현해 주는 그래픽 엔진이다.
모듈 컴퓨터의 프로그램을 기능별로 나누었을 때 논리적으로 구분되는 한 부분이다.
시뮬레이션 컴퓨터를 이용해 실제 또는 가상의 동적 시스템 모형을 연구하는 것이다. 모의실험이라고도 한다.

2

가상 현실은 어떻게
감각을 속이는가?

가상 세계에서는 어떻게 이동할까?

앞에서 우리는 사과나무를 중심으로 하나의 가상 세계를 만들었다. 이제 그 가상 세계를 더 가까이에서 보려고 한다. 우리는 컴퓨터 화면 앞에 있을 수도 있고, 케이브 안에 있을 수도 있다. 어쨌든 우리가 가상 속에 있는 뉴턴의 사과나무에 갈 수 있는 방법은 여러 가지가 있다.

일단 우리의 의도를 컴퓨터가 이해할 수 있도록 **입력 장치**를 사용하는 방법이 있다. 가령 말을 잘 듣는 마우스가 있다고 치자. 책상 위의 마우스를 앞으로 움직이면, 우리가 스크린 속의 장면 안에서 앞으로 나가는 것처럼 스크린에서의 시점이 변하게 된다. 스크린 속의 사과나무가 점점 커지는 것이다. 만일 마우스를 옆으로 움직이면 우리는 오른쪽이나 왼쪽으로 돌 수도 있다. 이 또한 마우스의 움직임에 따라 우리의 시점이 바뀌도록 화면에서 변화가 일어나기 때문에 생기는 현상이다. 그 외에도 사과나무를 위에서 보는 듯한 느낌을 받으려면 우리의 시점이 공중으로 올라가도록 만드는 보다 복잡한 기술이 필요하다. 아마도 이때에는 마우스를 앞으로 밀면서 버튼을 계속 누르는 것과 같은 조작을 하면 될 것이다.

조이스틱●이나 헤드 포인터●처럼 보다 복잡한 입력 장치들은 마우스보다 더 자유롭게 가상 세계에서 우리의 시점을 바꾸어 준다. 사실 마우스는 평평한 면 위에 놓고 움직여야 하기 때문에 육면체의 케이브 안에서 마우스를 사용하는 것은 다소 불편하다.

현재 가장 효율적인 입력 장치를 만들기 위한 연구가 인체 공학적인 차원에서 활발히 진행되고 있다. 그 결과 지금도 계속 새로운 입력 장치들이 쏟아져 나오고 있다. 어떤 것이 가장 편리한 기기인지 결론 내리기는 쉽지 않다. 기기의 효율성을

● ● ●

조이스틱 컴퓨터 입력 장치의 하나로 화면에서 점을 원하는 방향으로 이동시킨다. 지팡이 모양의 손잡이가 달려 있으며 여러 개의 버튼이 붙어 있다. 개발 초기에는 전자 오락실의 게임 전용으로만 쓰였다. 그러나 지금은 일반적인 컴퓨터에도 연결되어 주로 그래픽을 입력할 때 많이 쓰인다.
헤드 포인터 머리를 움직여 마우스 커서를 이동시키는 장치이다.

평가하기 위한 기준도 아직 확실하지 않은 상태이기도 하고 말이다.

사용법이 아주 간단하고 쉬워 기기를 손에 잡자마자 자기집 돌아다니듯 가상 세계를 마음대로 돌아다니는 시스템이 좋을까? 아니면 사용법을 익히기까지 시간은 좀 걸려도, 가상 세계 속에서 아주 정확하게 이동할 수 있는 시스템이 더 좋을까? 가상 세계를 어쩌다 한 번 여행하는 사람에게는 아마도 전자가 더 낫고, 가상 세계에서 매일 일을 하는 사람이라면 후자가 더 편리할 것이다.

가상 세계와 어떻게 접촉할까?

가상 세계와 상호 작용을 한다는 것은 단지 호기심 어린 눈으로 그곳을 둘러보는 것만을 말하는 것은 아니다. 가상 세계의 사과나무를 바라보는 것도 좋은 일이긴 하다. 하지만 우리는 아직 돌풍이나 사과의 숙성을 모델링하지 않았기 때문에 우리가 관찰하는 사과가 0.782초 만에 떨어지는 것을 볼 수 없을지도 모른다! 우리가 나무를 흔들어 사과가 떨어지게 할 수 있으면 좋을 텐데 말이다. 그런데 이렇게 하려면 우리는 가상 세

계에서 시점뿐만이 아니라, 물체의 움직임도 지배할 수 있어야
한다.

우리가 가상 세계에서 사과를 떨어뜨리기 위해 도구를 사용
하도록 프로그램을 짜 보자. 도구는 바로 돌멩이다. 일단 우리
가 최대한 단순화시킨 가상 세계에 있다고 할 때, 돌멩이도 반
지름 2센티미터 정도의 완전한 구 모양이면 좋을 것이다.

이제 돌멩이는 우리 앞의 스크린에 있다. 우리가 어디로 가
든, 돌멩이는 스크린 아래쪽에 위치한다. 사과에 돌멩이를 던
져 떨어뜨리고 싶다면, 우리는 조이스틱이나 마우스로 돌멩이
를 조종하면 된다. 가령 메뉴의 버튼을 눌러 마우스가 시점이
아닌 돌멩이를 조종하도록 바꾸면 될 것이다.

우리가 돌멩이의 움직임을 조종하기 시작하면, 돌멩이는 중
력의 영향을 받지 않고(이것이 가상 세계에서만 누리는 특혜이
다.) 우리가 맞추려는 사과 쪽으로 날아간다. 그리고 조이스틱
이나 마우스를 조금 더 움직여 주면, 돌멩이는 사과에 닿게 된
다. 만일 이 순간 우리가 멈추지 않고 조이스틱이나 마우스를
조금 더 움직이면, 결국 돌멩이는 사과 속으로 사라질 것이다.

그런데 돌멩이는 왜 사라진 것일까? 그것은 가상 세계에서
는 기하학에서와 마찬가지로, 두 개의 구가 완전히 서로 겹쳐
질 수 있기 때문이다. 돌멩이가 사라지는 것과 같은 현상을 막

으려면 가상의 물체들에도 경도를 부여하고, 딱딱한 두 개의 물리적 물체가 같은 공간을 차지할 수 없게 해야 한다. 이는 앞에서 언급했던 실시간 유지와 함께, 물리 엔진이 해결해야 할 새로운 과제다. 순수하게 기하학적인 물체들에 경도를 더해 입체감을 줄 수 있는가 없는가를 결정하는 것도 바로 물리 엔진이기 때문이다.

여기서 물리 엔진의 기본이 되는 것은 가상의 물체들 사이에 일어나는 충돌을 알아내는 프로그램이다. 이 프로그램은 가상 세계에서 돌멩이처럼 움직이고 있는 물체와 다른 물체들 사이의 거리를 샘플링 주기(다시 말해 200분의 1초)마다 계산하게 된다. 우리가 지금 만들고 있는 가상 세계에서는 이런 계산이 비교적 간단한 편이다. 사과와 돌멩이 사이의 거리는 두 구의 중심들 사이의 거리를 구한 뒤에, 그 값에서 두 구의 반지름을 빼면 된다. 여기서 사과의 중심 좌표를 (x_a, y_a, z_a), 돌멩이의 중심 좌표를 (x_s, y_s, z_s), 사과의 반지름과 돌멩이의 반지름을 각각 r_a와 r_s라고 하면, 사과와 돌멩이 사이의 거리는 다음 식으로 나타낼 수 있다.

$$\sqrt{(x_a-x_s)^2+(y_a-y_s)^2+(z_a-z_s)^2}-(r_a+r_s)$$

이 식의 계산값이 0이 될 경우, 물리 엔진은 돌멩이가 사과를 맞췄다는 사실을 우리에게 알려 준다. 지금 우리가 만들고 있는 이 가상 세계 프로그램에서는 사과가 무언가에 닿자마자 중력의 영향을 받아 떨어지도록 되어 있다고 하자. 아마 이 프로그램의 물리 엔진은 떨어지는 사과의 연속적인 모습을 스크린에 자연스럽게 나타내기 위해 그 위치들을 다음과 같이 계산할 것이다.

t=접촉 시각, h=3미터

다음 t=접촉 시각+$\frac{1}{200}$초, $h=3-\frac{1}{2}\times g\times(\frac{1}{200})^2$=2.9999미터

다음 t=접촉 시각+$\frac{2}{200}$초, $h=3-\frac{1}{2}\times g\times(\frac{2}{200})^2$=2.9995미터

$\vdots$

다음 t=접촉 시각+$\frac{156}{200}$초, $h=3-\frac{1}{2}\times g\times(\frac{156}{200})^2$=0.0158미터

이렇게 많은 계산 과정을 거쳐 마침내 우리는 사과가 떨어지는 모습을 보게 될 것이다. 그 다음 샘플링 주기에서 구할 수 있는 사과의 새로운 위치는 −0.02미터(혹은 나무 아래로 2센티미터)인데, 우리가 땅을 만들지 않았기 때문에 사과는 나무둥치 아래에 있는 가상의 빈 공간으로 계속 떨어지게 된다.

이상의 과정을 요약해 보면, 물리 현상에 충실하면서도 현

실적인 다음과 같은 규칙들을 가상 세계에 부여할 수 있다.

- 물체들은 서로 겹칠 수 없다.
- 물체들은 중력의 영향을 받는다.
- 사과는 다른 물체와 부딪치지 않는 한 중력의 영향에서 벗어난다.

여기서 세 번째 반응은 실제로 사과가 나무에 달려 있을 때 나타나는 물리적인 현상이 아니라 우리가 염두에 두고 있는 반응을 보기 위해 임의로 정해 둔 것일 뿐이다.

가상 세계에서는 어떻게 힘을 가할까?

가상 세계의 사과에 대한 우리의 관심이 중력 이론을 증명하는 것이 아니라 잘 익은 사과를 따먹는 데 있다고 상상해 보자. 일단 사과가 잘 익었는지부터 확인하고 싶을 것이다. 아직 덜 익은 사과는 나무에 단단히 매달려 있을 테고, 잘 익은 사과는 손을 대면 곧바로 떨어질 것이다. 하지만 앞에서 만들어 본 가상 현실에서는 어떤 사과든 우리의 손이 닿자마자 뚝 떨어질 것이다!

우선 사과가 익지 않았을 때에는 나무에 매달려 있고, 익었을 때는 저절로 떨어지도록 사과의 반응 형식을 바꾸어 보자. 여기서 사과의 무게를 W, 사과가 익는 기간(날짜)을 D, 사과의 나이(날짜)를 Y, 사과가 나무에 붙어 있는 힘을 F라고 하면, 사과가 나무에 붙어 있는 힘을 다음과 같은 식으로 설정해 볼 수 있다.

$$F = W \times (2 - \frac{Y}{D})$$

가상의 사과는 자신의 무게 W 때문에 아래로 떨어지려 하고, 사과가 나무에 붙어 있는 힘 F 때문에 위로 당겨진다. 사과의 나이 Y가 숙성 D보다 작을 때에는 F가 더 클 것이다. 이 경우 사과는 나무에 매달려 있게 된다. 하지만 Y가 D보다 커질수록 F의 값은 더 작아질 것이다. 그리고 F가 W보다 작아지는 바로 그 순간, 사과는 떨어질 것이다.

현재 가상 현실 속의 사과는 나무에 꼭 매달려 있는 상태다. 이 사과를 따려면 어떤 힘을 가해야 할 것이다. 이때 우리가 완전히 익은 사과를 좋아하는지 조금 덜 익은 사과를 좋아하는지에 따라, 약한 힘이 필요할 수도 있고 더 큰 힘이 필요할 수도 있다.

바로 여기서 **햅틱 인터페이스**가 등장한다. 인터페이스란 컴퓨터와 정보를 교환할 수 있게 해 주는 장치로 키보드, 마우스, 모니터 등이 있다. 여기서 '햅틱(haptic)'이라는 말은 '만지다'라는 의미의 그리스어 'haptein'에서 비롯된 것으로, 촉각과 관련이 있다.

가상 현실에서 '햅틱'이 성공한 이유는 바로 시각과 관련된 '옵틱(optic)'과 조화를 이루었기 때문일 것이다. 만일 햅틱 인터페이스가 제대로 실현되면 우리는 가상 세계에서 가하는 힘을 느낄 수 있게 된다. 따라서 햅틱 인터페이스는 스크린이 주는 시각 피드백 다음으로 가상 현실 시스템에 새로운 감각 피드백을 제공하는 도구가 될 것이다.

햅틱 인터페이스의 원리는 손의 움직임을 방해하는 모터의 작용을 응용한 것이다. 우리가 사용하는 마우스 앞쪽에 전선이 하나 연결되어 있다고 상상해 보자. 그 전선은 책상 끝 도르래를 돌아 책상 아래로 갔다가, 우리가 앉아 있는 쪽 책상 가장자리의 두 번째 도르래를 돈 다음, 마우스 뒤쪽으로 연결되어 있다. 도르래 중 하나에는 소형 전기 모터가 설치되어 있다. 모터에 전기가 흐르지 않을 때는 마우스가 여느 때처럼 앞뒤로 자유롭게 움직인다. 하지만 모터에 전기가 흐를 때, 마우스를 앞으로 밀면 모터가 마우스를 당겨 줘 마우스가 더 '가벼워진' 것처럼 느끼게 된다. 또 반대의 경우, 즉 마우스를 미는데 모터가 그 반대 방향으로 작동하면 움직이기가 어려워지거나 아예 움직이지 못할 수도 있다. 전자의 경우 커서가 스크린 위로 당겨지고 있는 듯한 느낌을 받고, 후자의 경우 커서가 스크린 위로 나아가지 않는 듯한 느낌을 받을 것이다.

가상의 사과나무 이야기로 다시 돌아와 보자. 우리가 이제 스크린 속에서 커서가 아닌 '도르래 마우스'로 가상의 돌멩이를 움직인다고 치자. 도르래 마우스는 사과에서 떨어져 있을 때 돌멩이가 앞으로 움직이는 것을 방해하지 않는다. 하지만 돌멩이가 사과에 닿는 순간, 전기 모터가 거꾸로 돌아가기 시작하면서 마우스의 움직임을 막아 우리의 손이 더 멀리 가는 것을 방해한다. 이제 우리는 뒤로 물러날 수는 있지만 사과보다 더 앞으로 나아갈 수는 없다.

그래도 우리가 계속 앞으로 나아가려 하면, 전기 모터를 조종하는 프로그램이 우리의 힘을 평가한다. 만약 사과가 절반만 익었다면, 사과가 나무에 달려 있는 힘은 사과 무게의 1.5배일 것이다.˚ 따라서 우리가 가하는 힘이 사과 무게의 절반을 넘으면, 그 힘에 사과 무게를 더한 전체 값이 사과가 나무에 달려 있는 힘을 넘게 된다. 즉, 사과가 떨어진다는 얘기다. 자, 이렇게 해서 우리는 이제 막 첫 번째 가상의 사과를 따냈다. 축하할 일이다!

지금까지 살펴본 햅틱 인터페이스는 아주 초보적인 것이다. 전선과 도르래, 모터 때문에 책상이 복잡해질 뿐만 아니라, 마우스는 앞뒤로 움직이는 한 가지 동작밖에 못한다. 즉, 일차원 인터페이스에 한정되어 있다. 하지만 우리는 마우스로 이차원(앞뒤, 좌우)을 넘어 삼차원(상하)의 움직임까지 끌어내고 싶다. 우리가 몸담고 있는 현실도 삼차원이니 말이다. 만약 삼차원 인터페이스가 있다면 가상 현실 속의 나무둥치를 힘껏 흔들어 볼 수도 있고, 발을 굴러 땅바닥에 힘을 가해 볼 수도 있을 것이다.

삼차원으로 힘을 느끼고자 할 때도 역시 전선을 사용할 수 있다. 이번에는 정육면체의 꼭짓점들과 연결된 네 개의 전선이 마우스를 당기게 된다. 첫 번째 전선은 마우스를 오른쪽 앞에

● ● ●

사과가 나무에 달려 있는 힘 이것은 현재의 가상 현실 프로그램에서 설정해 본 공식(34쪽 참고 바람.)에 준한다. 사과가 익는 기간(D)을 200일이라고 가정할 때 절반 익은 사과의 나이(Y)는 100일이므로 $\frac{Y}{D}=\frac{100}{200}=\frac{1}{2}$이다. 이것을 공식에 대입하면 다음과 같다. $F=W\times(2-\frac{1}{2})$, $F=W\times\frac{3}{2}$ 따라서 절반 익은 사과가 나무에 붙어 있는 힘은 사과 무게의 $\frac{3}{2}$배, 곧 1.5배가 되는 것이다.

서 위로 당기고, 두 번째 전선은 왼쪽 뒤에서 위로 당기고, 세 번째 전선은 왼쪽 앞에서 아래로 당기고, 네 번째 전선은 오른쪽 뒤에서 아래로 당긴다. 이런 거미줄 가운데 잡혀 있는 마우스[•]는 손의 움직임을 세 방향에서 방해할 수 있다.

로봇 공학[•]에서도 햅틱 인터페이스에 대한 아이디어를 얻을 수 있다. 바로 마우스가 끝에 붙어 있는 로봇팔을 사용하는 것이다. 햅틱 인터페이스에 사용되는 로봇팔은 자동차 공장에서 페인트를 칠하는 로봇팔과 닮았지만, 우리가 그것에 가하는 힘을 느낄 수 있다는 점에서 좀 특별하다. 이 로봇팔은 우리가 던진 가상의 돌멩이가 사과와 접촉하지 않는 한 우리의 모든 동작을 함께한다. 그러다가 가상의 돌멩이가 사과에 닿는 순간, 로봇팔은 동작을 멈추고 우리 손의 움직임을 막는다. 로봇팔을 이용한 방법의 장점은 회전하는 힘을 표현할 때 스파이더보다 더 적합하다는 것이다.

사실 지금까지 우리는 마우스가 스크린과 직각을 이룬 채

● ● ● ●

거미줄 가운데 잡혀 있는 마우스 이런 유형의 인터페이스를 가리켜 스파이더 (Spidar, Space Interface Device for Artificial Reality의 약자)라고 부른다.
로봇 공학 이에 대해 더욱 자세한 내용을 알고 싶으면 민음 바칼로레아 시리즈 중 『인간과 똑같은 로봇을 만들 수 있을까?』를 참고하기 바란다.

계속 평평한 면 위에서 움직이는 상황만을 고려했다. 하지만 마우스가 로봇팔에 연결돼 공중에 떠 있을 수 있게 되면, 마치 코르크 마개뽑이의 손잡이를 돌리듯이 마우스를 돌리는 것도 가능해진다. 이런 회전 운동을 하면서 힘을 느끼는 것도 물론 가능하다.

마우스가 돌멩이가 아닌 사과 자체를 조종한다고 상상해 보자. 전구를 돌리듯 마우스를 돌려서 사과가 돌아가게 할 수 있는 시스템이 될 것이다. 우리가 마우스로 사과 꼭지를 돌리면 사과 꼭지의 저항이 커지다가(우리가 마우스를 돌리는 것을 로봇팔이 점점 더 크게 방해하기 때문이다.) 갑자기 멎는 것을 느끼게 된다.(로봇팔이 마우스의 움직임을 더 이상 방해하지 않기 때문이다.) 우리는 여섯 개의 관절로 이루어진 로봇팔 덕분에 회전에 대한 힘의 피드백을 경험하면서 가상의 사과를 따게 된다. 바로 이런 이유에서 로봇 공학을 아는 것은 좋은 가상 현실을 만드는 데 도움이 된다.

가상 현실을 손가락 끝으로 느낄 수 있을까?

지금까지 가상 현실 속에서 사과를 따기 위해 우리는 마우스를 움직이고 마우스에 힘을 가하기도 했다. 이것은 진짜 사과를 딸 때와 비슷한 느낌이었다. 하지만 결국 우리가 만진 것은 사과가 아니라 마우스였을 뿐이다.

사과를 만지고 있는 듯한 느낌을 주기 위해서 일단 사과 형태의 마우스를 사용해 볼 수 있다. 플라스틱 사과이긴 하지만 햅틱 인터페이스 덕분에 마치 진짜 사과처럼 움직인다.

이것은 그런대로 만족스러운 방법이지만, 두 가지 단점이 있다. 우선, 우리가 가상 세계에서 만지는 모든 것이 플라스틱 사과와 같은 모양과 크기를 갖게 된다.(가상의 사과나무 옆에 가상의 배나무가 있을 수도 있는데 말이다.) 그리고 우리가 만지는 모든 것에서 플라스틱 질감이 느껴진다는 단점이 있다. 우리가 가상의 사과나무에서 사과를 잡든 나뭇가지 사이에 낀 테니스 공을 잡든, 손가락 끝으로 전해져 오는 느낌이 언제나 같다는 얘기다.

이런 두 가지 단점을 없애기 위해 개발된 것이 아주 특별한 장갑이다. 이 장갑의 손가락 부분에는 프로그램으로 조종되는 소형 모터들이 달려 있다. 이 장갑은 모터의 힘으로 손가락 부분이 움직인다. 우리가 이 장갑을 꼈을 때 모터가 돌아가지 않으면 손가락을 자유롭게 움직일 수 있지만, 프로그램이 모터를 작동시키면 손가락의 움직임은 방해를 받는다.

이제 우리가 이 장갑을 끼고 가상의 사과를 잡는다고 상상해 보자. 일단 우리는 손을 펴고 있다가 손가락을 손바닥 쪽으로 움직이면서 손을 쥘 것이다. 그런데 갑자기 장갑에 부착된 모터가 돌아가면서 손을 쥐지 못하게 방해하기 시작한다. 바로 이 순간부터 우리는 사과를 쥔 듯한 느낌을 받는다. 그리고 이때 프로그램이 모터를 어느 정도 빨리 작동시키는지에 따라 우리가 손을 움켜쥘 수 있는 정도가 달라진다. 좀 더 세게 움켜쥘 수 있으면 작은 사과를 쥐었다는 느낌을 받을 것이고, 좀처럼 움켜쥐기가 힘들면 제법 큰 사과를 쥐었다는 느낌을 받을 것이다.

우리가 사과를 움켜쥐는 느낌을 좀 더 그럴 듯하게 받고 싶다면, 손과 맞닿는 장갑 안쪽을 사과 껍질과 비슷한 느낌이 되도록 만들어 주면 된다. 이런 장갑을 끼고 눈을 감은 채 손을 쥐면, 누구라도 진짜 사과를 쥔 듯한 착각에 빠지고 말 것이다. 그런데 이때 장갑 안쪽의 직물이 주는 느낌이 수시로 변할 수 있다면 더욱 좋을 것이다. 우리가 사과만 만지는 것이 아니라 때에 따라 테니스 공이나 딱딱한 호두 열매를 쥘 수도 있을 테니 말이다.

하지만 아쉽게도 이런 요술 장갑은 과학자들의 상상에서만 존재한다. 아직까지는 기술적인 문제 때문에 요술 장갑을 현실

화시키지 못하고 있다. 손 크기의 장갑이 적절하게 움직일 수 있는 작동 시스템이나 엔진은 없다. 현재까지 완성된 견본들 중 가장 괜찮다고 할 만한 것도 거대한 갑옷 크기의 장갑으로 두세 개의 손가락만 겨우 움직이는 수준이다.

그렇다면 장갑 안쪽의 촉감을 다루는 수준은 어느 정도에 이르렀을까? 만일 어떤 질감이든 흉내 낼 수 있는 직물을 만들려 한다면, 직물의 표면이 주문하는 대로 변할 수 있어야 한다. 직물에 손을 댔을 때 처음에는 반들반들한 사과의 매끄러움이 느껴지다가, 1초 후에는 나무껍질의 우툴두툴함이 느껴질 수도 있게 말이다.

원리만 따진다면 이런 직물을 만드는 것도 그리 어려운 일은 아니다. 금속판을 작은 모눈으로 나눈 다음, 기발한 장치를 이용해 그 모눈 각각의 높이를 조종하면 된다. 모든 모눈이 같은 높이에 있을 때는 매끄러운 표면을 만지는 느낌을 줄 것이고, 각 모눈의 높이를 교묘하게 달리하면 나무껍질처럼 거친 느낌을 줄 것이다. 이것은 그림을 이루는 수백만 개의 작은 점의 색깔을 각각 조절해 마치 사진과 같은 느낌을 주는 컴퓨터 스크린 상의 픽셀과 같은 원리다.

픽셀의 경우와 마찬가지로 아주 사실적인 촉감을 만들어 내려면, 모눈('택셀'이라고 칭할 수 있다.)의 크기가 결정적으로 중요하다. 그렇다면 그 크기는 어느 정도여야 할까? 이에 대한 생리학자들의 대답은 단호하다. 택셀°은 한 변의 길이가 1밀리미터 미만이어야 한다는 것이다. 만약 이보다 크면 질감을 나타내는 능력이 떨어지게 된다.

이제 우리가 도달해야 할 목표는 분명하다. 하지만 역시 기술이 문제다. 아직까지는 한 변이 1밀리미터인 정사각형 수천 개가 서로 바짝 붙어 있는 상황에서 그 각각을 시시각각 다르게 움직여 줄 기술이 없다. 현재로선 한 변아 2.5밀리미터인 정사각형들을 움직이는 정도이다. 촉각 정보를 전달할 수는 있지만 시각만큼 정교한 정보를 만들어 내 촉각을 속이기는 힘들다. 촉각을 만들어 내는 기술은 커다란 사각형으로 그림을 만들었던 옛날의 흑백 스크린 수준이다. 과학자들이 가야 할 길은 여전히 멀다고 할 수 있다.

● ● ● ●

택셀 컴퓨터나 텔레비전에서 화면을 구성하는 최소 단위의 점을 픽셀이라고 칭하듯이, 촉각을 구성하는 최소 단위의 점을 택셀이라 부를 수 있다. 픽셀(pixel)은 그림을 뜻하는 'picture' 와 단위라는 의미의 'element' 의 합성어이고, 택셀(taxel)은 촉감을 뜻하는 'tactile' 과 'element' 가 결합된 용어다.

가상 현실은 오감을 모두 속일 수 있을까?

지금까지 우리는 가상 현실이 오감 중 시각과 촉각을 속일 수 있다는 것을 보았다. 그렇다면 다른 감각들은 어떨까?

청각을 속일 수 있을까?

현실을 인공적으로 재현하는 기술 중 가장 앞서 있는 것이 청각과 관련된 분야이다. 녹음이 잘 된 음반과 좋은 앰프와 스피커만 있으면, 누구나 콘서트홀에 가 있는 것처럼 음악 감상을 할 수 있다. 소리를 공간화하는 시스템도 매우 발달해 있다. 왼쪽에서는 호른 소리가 들리고 오른쪽에서는 첼로 소리가 들리는 가운데 비행기가 머리 위로 지나가는 듯한 느낌을 받는 것도 가능하다. 하지만 이 정도로 가상 현실의 청각이 완성되었다고 할 수는 없다. 왜냐하면 상호 작용성이 없기 때문이다. 사실 음반을 거꾸로 돌려 듣는 하우스 뮤직[•] 팬을 제외하면,

• • • •

하우스 뮤직 컴퓨터와 신시사이저를 결합해 만든 첨단 음악이다. 작곡가가 컴퓨터와 주변 기기를 이용해 음악과 음색을 직접 듣고 수정한 다음, 이것을 컴퓨터에 기억시켜 작곡하는 방식으로 만든다. 이 음악의 특징은 복고적인 단순한 드럼 비트를 반복하며, 그에 맞는 멜로디를 붙이는 것이다.

듣는 사람이 이미 녹음된 음악에 영향을 끼치는 경우는 거의 없다.

가상 현실에서는 소리를 유발하는 물리적 현상이 일어나는 것과 동시에 소리가 나야 한다. 예를 들어 우리가 가상 현실에서 사과를 딸 때, 사과가 나뭇가지에서 떨어지는 순간에 미리 녹음해 둔 '똑' 하는 소리가 나야 하는 것이다.

만약 이런 소리가 더 그럴 듯하게 들리게 하려면, 소리를 유발하는 물리적 현상을 우리가 직접 모델링할 수도 있다. 이런 모델링에는 사과 꼭지의 지름, 조직, 촉촉한 정도, 유연함, 사과가 달려 있는 가지의 지름, 그리고 수많은 다른 매개 변수들이 고려될 것이다. 물론 이 일에는 많은 계산이 필요하고, 계산만을 위한 컴퓨터가 따로 있어야 할 정도로 복잡한 작업이기도 하다. 어쨌든 그런 복잡한 과정을 거치면 우리는 진짜 같은 가상의 소리를 얻게 된다. 현재로서는 가상 세계에서 움직이는 물체들과 관련된 실제 소리를 미리 녹음해서 소리 자료실을 만드는 것이 제일 간단한 방법이다.

미각과 후각을 속일 수 있을까?

순전히 화학적으로 배합된 가짜 냄새는 아주 오래전부터 존재했다. 하지만 프로그래밍이 가능한 냄새 분사 장치가 등장한

것은 최근의 일이다. 그 장치에는, 컴퓨터가 보내는 명령에 따라 향을 섞어서 분사하는 작은 향수 탱크가 들어 있다. 만일 우리가 가상의 사과나무에서 멀리 떨어진 곳에 있다면, 잔디를 막 깎았을 때 나는 향이 분사될 것이다. 그리고 사과나무에 가까이 다가가면 사과 냄새가 나도록 배합된 향이 분사될 것이다.

아직은 가상 현실에서 가상의 냄새가 사용되는 경우는 거의 없다. 하지만 이런 가상의 냄새들은 이미 우리 일상 속으로 들어온 지 오래다. 가게 주인은 가짜이긴 하지만 감미로운 바닐라 향이나 계피 향으로 손님을 유혹한다. 또 자동차 제조업체는 인조 가죽으로 만든 쿠션에서 좋은 천연 가죽 냄새가 나도록 하기도 한다.

마찬가지로, 가상의 맛이라고 볼 수 있는 인공 감미료의 힘도 놀랍다. 과일이 조금도 들어가지 않았는데 과일 맛이 나는 아이스크림이나 사탕이 얼마나 많은가? 제품의 성분을 표시하는 법적 의무가 없다면, 진짜 딸기가 들어간 사탕인지 아닌지 구별할 수 있는 소비자가 몇이나 될까?

이처럼 가상적인 요소가 가상 현실 시스템 밖으로 튀어나와 현실 속으로 파고들면 곤란해질 수도 있다.

가상 공간에서 냄새까지 재현할 수 있다면, 가상 현실에 대한 몰입이 더욱 완벽해질 것이다.

가상 현실은 착각을 어떻게 이용할까?

액션 영화를 볼 때, 배우들이 아무리 열심히 싸워도 진짜 주먹질을 주고받는 것은 아님을 우리는 안다. 카메라 각도 때문에 보이지 않지만, 배우들이 내지르는 주먹은 상대편 얼굴에서 몇 센티미터 떨어진 곳을 지나간다. 하지만 이렇게 가짜로 치고 박는 장면에 적절한 음향이 더해지면 우리는 그들이 정말 격렬하게 싸우고 있다고 착각하고 만다. 이때 음향 효과가 더욱 그럴싸할수록 매 맞는 사람의 고통이 관객에게 더욱 찌릿찌릿하게 전해져 온다. 영화에 몰입한 관객은 인상을 찡그리거나 짧게 비명을 지르기도 한다. 이것은 소리가 촉감의 정보를 전해 주는 좋은 예이다. 이처럼 서로 다른 두 감각은 상호 보완적인 성격을 띤다.

가상 현실에서 하나의 감각 피드백이 다른 감각 피드백을 보충하거나 대신하게 하는 것은 매우 단순한 원리에 의해 이뤄진다. 가상 현실에서 사과를 따는 새로운 방법을 예로 들어 보자. 만약에 사과가 나무에서 떨어질 때까지 나무를 간질인다고 치자. 이를 위해 사용할 도구는 우리의 오랜 친구인 단순한 마우스다.

우선 커서를 이용해 나무에 다가가 보자. 나무에서 멀리 있을 때에는 커서가 마우스의 움직임과 함께 계속 나아간다. 그런데 커서가 나무둥치에 닿는 순간, 그 움직임이 불규칙적인 것으로 바뀌게 된다. 마우스의 움직임은 여전히 매끄러운데, 커서의 움직임이 짧게 끊어지기 시작한 것이다. 마치 커서의 화살표가 우둘투둘한 표면을 문지르느라 마우스가 명령하는 움직임을 정확하게 따를 수 없는 것처럼 말이다. 이 과정이 되풀이되면, 우리는 사과나무 표면이 우둘투둘하다고 생각하게 된다.

대나무를 가지고 같은 실험을 할 경우에는 커서가 계속 매끄럽게 움직이도록 해 보자. 우리는 대나무의 매끄러운 표면을 만지고 있는 듯한 느낌을 받게 될 것이다.

두 가지 경우 모두 나무의 입체 모델이 매끈한 원기둥인 것은 똑같다. 하지만 사과나무의 경우에는 커서의 특별한 작동(불규칙적인 속도)이 결합되어 있고, 대나무의 경우에는 일반적인 작동(일정한 속도)이 결합되어 있다. 여기서 우리는 두 나무의 표면에서 느끼게 되는 질감의 차이를 단지 시각만으로 파악했다. 촉각이 시각에 속은 것이다. 그리고 이때 느끼게 되는 질감에 따라 긁히는 소리가 더 크거나 작게 들리도록 만들면, 소리로도 촉각을 속일 수 있다.

이처럼 가상 현실에서는 어떤 감각을 다른 감각으로 보충하거나 대신하는 착각이 중요한 역할을 한다. 이런 착각은 사용자가 느끼는 현실감을 최대로 높여 가상 현실에 몰입할 수 있게 만든다. 또 복잡한 햅틱 인터페이스를 단순화시켜 주기 때문에 비용을 줄이는 장점이 있다. 가상 현실 이용자에게 어떤 질감을 느끼게 할 때, 모터가 달린 마우스가 아니라 보통 마우스를 사용할 수만 있다면 당연히 비용이 훨씬 저렴해질 것이다.

3

가상 인간은
왜 필요할까?

가상 인간이 왜 필요할까?

지금까지 우리가 가상의 사과를 따면서 시험한 방법들은 편리함과는 다소 거리가 멀었다. 만일 우리 키가 180센티미터가 넘는다면 그냥 팔을 쭉 뻗어 사과를 따면 된다. 또 만일 키가 작다면 나무에 올라가서 따면 된다. 말하자면 거추장스러운 도구들을 거쳐 움직이는 대신 가상 세계 안에서 가상 인간*으로

● ● ●

가상 인간 사람처럼 생겼고 행동도 사람처럼 하며 사이버 공간에서만 존재한다. '교코 다테'나 '아담' 등 한때 인터넷 상에서 활동하는 사이버 가수가 유행하기도 했지만 그래픽 제작에 들어가는 엄청난 비용과 시간 때문에 실패로 끝나고 말았다. 하지만 신차 성능 테스트에 보통 사람의 몸매와 관절의 움직임을 갖춘 가상 인간을 이용하는가 하면, 신약 효능 검증에 가상 세포로 이뤄진 가상 인간을 이용하는 등 가상 인간은 여전히 여러 가지로 유용하게 쓰이고 있으며 그 가능성이 무궁하다고 볼 수 있다.

존재할 수 있다면, 일은 간단해진다. 그래서 현재 가상 인간에 관한 많은 연구들이 진행 중이다.

🍎 만일 우리가 **아바타**° 형태로 가상 현실에 참여할 수만 있다면, 육체가 가지고 있는 모든 물리적 제약(실제의 사람처럼 키가 작다거나 날 수 없다거나 하는 특징들을 말한다.)이 고려되기 때문에 더 큰 몰입감을 얻게 된다. 가상 현실 제작자에게 중요한 것은 사과를 먹는 것이 아니라, 가상 세계의 현실감을 높이는 것이다.

가상 인간을 어떻게 만들까?

가상 세계의 다른 물체들과 마찬가지로, 가상 인간도 기하

● ● ●

아바타(Avatar) 가상 현실에서 자신의 분신 역할을 하는 시각적 이미지이다. 가상 공간에서 자기를 대신해 살아가는 가상 육체라고도 할 수 있다. 원래 아바타는 산스크리트어인 아바타라(avataara)에서 유래한 말로 고대 인도에선 땅으로 내려온 신의 화신을 지칭했으나, 인터넷 시대가 열리면서 삼차원 가상 현실 게임이나 웹에서의 채팅 등에서 자기 자신을 표현하는 그래픽 아이콘을 가리킨다. 아바타는 현실 세계와 가상 공간을 이어주며 익명과 실명의 중간 정도에 존재한다. 과거 네티즌들은 사이버 공간의 익명성에 매료되었지만 이제는 자신을 표현하려는 욕구를 느끼게 되어 이 두 가지를 모두 충족해 주는 아바타가 생겼다.

학적인 형태로 나타낸다.

머리는 구, 목은 작은 원기둥, 몸통은 조금 더 길고 굵은 원기둥이 된다. 그러면 몸통 아래에 다리를 달아 보자. 중간에 관절(무릎)이 있는 두 개의 원기둥을 관절을 이용해 몸통에 연결한다. 각각의 다리 끝에는 수평 방향의 직사각형을 달아 발을 만들면 된다. 몸통 위쪽에는 팔이 있어야겠다. 팔을 다는 방법은 다리와 마찬가지이다. 중간에 관절(팔꿈치)이 있는 두 개의 원기둥을 두 개의 어깨 관절을 이용해 몸통에 고정시킨다. 이때 관절 하나는 팔이 앞뒤로 흔들리게 하고, 다른 하나는 횡단보도에서 교통 정리를 할 때처럼 팔이 옆으로 올라가게 해 준다.

그런데 이런 모델은 아주 초보적인 것이다. 현재 과학자들은 가상 인간의 팔에 7개의 관절, 다리에 5개의 관절, 몸통 가운데 1개의 관절을 각각 넣어 현실감을 높이고 있다. 뿐만 아니라, 사람의 골격과 피부를 그대로 재현해 옷을 입힌 가상 인간도 등장하고 있다.

하지만 여기서는 10개의 관절을 가진 단순한 가상 인간을 가지고 이야기해 보자.

이제 문제는 그 10개의 관절을 어떻게 조종하느냐 하는 것이다. 만약 이 가상 인간을 조종하기 위해 관절마다 하나씩, 즉 10개의 조이스틱이 필요하다면 아주 끔찍한 작업이 될 것이다.

다행히도 여기서 우리를 도와줄 주인공이 등장한다. 바로 로봇 공학에서 나온 새로운 인터페이스와 프로그램이다.

우리의 구세주가 될 새로운 인터페이스는 동작을 알아차려 정보를 만들 수 있는 장치이다. 카메라를 중심으로 한 이 시스템은 아바타가 우리의 팔 동작을 모두 따라하도록 해 준다. 우리가 사과 따는 몸짓을 하기 위해 오른손을 1.5미터까지 수직으로 올리면, 카메라가 그 동작을 측정해 로봇을 조정하는 프로그램에 전송한다. 그러면 그 프로그램은 아바타가 우리의 손 동작을 따라할 수 있도록 아바타의 팔에 있는 3개의 관절들에 적용할 회전 동작을 각각 계산한다.

아바타의 다리 동작을 조종하기 위해서 조이스틱을 사용한다고 상상해 보자.

우리는 일단 조이스틱으로 아바타의 무게중심, 즉 배꼽의 속도를 조종하게 된다. 이때 걷는 행동을 관리해 주는 것은 새로운 프로그램이다. 예를 들어 조이스틱으로 조종된 무게중심이 발끝보다 앞서가면 아바타는 균형을 잃게 될 것이다. 따라서 명령 프로그램은 다리가 앞으로 움직이게 해서 아바타의 발에 의해 만들어지는 2개의 받침점 사이에 무게중심이 있도록 해 준다.

자, 이제 우리는 아바타에게 원하는 동작을 보여 줌으로써 아바타의 두 팔에 있는 6개의 관절을 조종하고, 조이스틱으로 두 다리에 있는 4개의 관절을 조종하게 되었다. 다소 복잡해 보이기는 하지만, 그래도 앞에서 잠깐 얘기했듯이 10개의 조이스틱을 움직이는 것보다는 간단하다.

그런데 이처럼 가상 현실 속의 아바타를 조종할 수 있는 것은 가상 현실에 입력된 프로그램을 통해 아바타에게 지능을 부여했기 때문이다. 물론 이 지능은 아바타가 동작 명령을 해석해 관절 동작으로 표현하게 하는 정도에 불과하다. 아직은 파충류 수준의 지능이지만, 앞으로 발전 가능성이 크다.

만일 아바타가 더 높은 지능을 가지게 되면, 우리가 "사과 갖다 줘."라고 말만 해도 얼른 사과나무로 달려가 사과를 따올 것이다. 가상 현실 시스템의 프로그램이 명령문을 파악한 다음, 아바타의 행동을 계획하고 실행하기 때문에 가능한 것이다. 이때 가상 현실 시스템의 프로그램은 다음과 같이 아바타의 행동을 계획할 것이다.

'먼저 창고까지 걸어간다. 그다음 사다리를 가지고 나온다. 그다음 사과나무로 간다. 그다음 사다리를 펼치고…….'

이는 플래닝 알고리즘 작업에 해당된다.

현재 과학자들은 가상 인간에게 사고 능력과 감정까지 부여하려고 노력 중이다. 따라서 조만간 우리가 사과를 갖다 달라고 하면 이렇게 대답하는 가상 인간이 나올지도 모른다.

"사과 심부름만 50번이야. 가게 가서 사 먹어!"

4

가상 현실은
어떻게 이용되는가?

가상 현실은 어디에 쓰일까?

연구실

현재 가상 현실 시스템이 가장 많이 사용되는 곳은 자동차 산업과 항공 산업이다. 엔지니어들은 앞으로 만들 자동차와 비행기를 가상 현실 시스템에서 구상한다. 작업 라인에서 사람에 의한 조립이 가능할지, 운전자가 이용하기에 용이한지 등을 되도록 빨리 알아내고자 하는 것이다. 말하자면 엔지니어들이 가상 현실에 몰입함으로써 보닛 엔진 밑에 배터리를 삽입하는 일을 사람이 할 수 있는지, 아니면 엄청난 힘을 자랑하는 로봇팔을 사용해야 하는지를 확인한다. 이것은 가상 현실 시스템이 있기 전에도 가능했다. 하지만 가상 세계와 그 세계에서 작업하는 가상 인간 덕분에 훨씬 더 쉽고 빠르게 처리되고 있다.

직업 교육

가상 현실은 자동차나 비행기를 만든 후에 사람들이 이용할 때에도 큰 도움이 된다. 운전자나 비행사들이 이 낯선 기계를 직접 타 보기 전에 운전 시뮬레이터나 비행 시뮬레이터에서 교육을 받을 수 있기 때문이다. 이런 시뮬레이터들은 가상 현실과 비슷한 시스템으로 작동된다.

오늘날 사람들은 가상 세계에서 온갖 종류의 직업 교육을 받고 있다. 아마 복잡한 수술을 앞둔 외과 의사가 가상 환자를 상대로 연습하는 날도 머지않았을 것이다. 그렇게 되면 의사들은 동물이나 시체를 가지고 어설픈 연습을 하지 않아도 된다. 혹은 운이 없는 환자가 의사의 연습 대상이 되는 일도 없을 것이다!

폭발물이 있는 현장이나 화재 현장에 투입되는 사람들에게도 가상 현실은 아주 중요하다. 가상 세계에서라면 상상할 수 있는 모든 시나리오를 실시간으로 연습할 수 있기 때문이다. 만일 특수 요원들이 어떤 중대한 작전을 앞두고 있다면, 이들도 위험한 세계에 뛰어들기 전에 가상 현실을 거칠 필요가 있다. 가상 현실 시스템에서 작전이 끝날 무렵이면, 작전에 투입된 이들이 역할을 제대로 수행해 낼지를 쉽게 알 수 있을 것이다. 그 누구도 상처 입지 않고 안전하게 말이다.

가상 현실에서 교육을 받으면, 서투른 기술 때문에 일어나는 사고를 막을 수 있다.

재활 훈련

현재 재활 훈련 현장에서 가상 현실을 적용하는 일도 활발하게 연구 중이다. 예를 들어, 팔을 재활 훈련해야 하는 환자는 핸들 돌리기, 벽돌 깨기와 같은 임무를 완수하는 가상 세계에 들어가게 된다. 환자에게는 손의 이동을 측정할 뿐만 아니라 정확한 궤도에 맞춰 손을 안내할 수도 있는 햅틱 인터페이스가 주어진다. 햅틱 인터페이스는 필요한 궤도를 따라 움직임을 제한하는 역할을 하는데 환자가 동작을 완전하게 해내지 못하면 동작을 도와줄 수도 있다. 물론 이런 작업은 재활 전문의 및 물리 치료사의 지도 아래 진행된다. 이들은 가상 현실 시스템이 재활 훈련 시간을 보다 유쾌하면서도 효과적으로 만들어 준다고 믿고 있다.

비디오 게임

삶의 현장 곳곳에서 새로운 가능성을 제시하고 있는 가상 현실은 오락의 세계에서도 예외는 아니다. 전형적인 비디오 게임을 떠올려 보자.

우리는 갑옷을 입은 기사이고, 고속 중성자 로켓포를 가지고 있다. 그리고 우리 앞에는 돌연변이 해골들이 버티고 서서 사과를 삼킨 백설공주를 깨우러 가는 길을 방해한다. 이제 스크린에 코를 바짝 댄 채 열심히 즐길 준비만 되어 있다면, 몰입 요소도 해결된 셈이다. 물론 청각적인 것이든(로켓포가 돌연변이 해골과 부딪칠 때 나는 소리), 촉각과 관련된 것이든(백설공주에게 키스하는 데 성공했을 때 게임 핸들에 오는 진동) 감각 피드백도 준비되어 있다. 굳이 상호 작용성이라는 요소를 고려하자면, 게임의 원리 자체가 바로 상호 작용성이다. 모험 이야기의 주인공을 조종하면서 어느새 우리는 자신이 주인공이라는 착각에 빠져 있으니까 말이다.

이처럼 비디오 게임에는 가상 현실 시스템이 갖추어야 할 모든 요소들이 고루 들어 있다. 그러나 가상 현실 시스템의 순수성을 고집하는 사람들은 비디오 게임 속의 세계는 가상에 그칠 뿐, 가상 현실의 차원에까지는 이르지 못했다고 비판한다. 물론 그렇긴 하다. 하지만 비디오 게임은 가상 현실과 너무도 닮은 꼴이다. 일단 게임 개발자들에게 제기되는 문제 대부분이 가상 현실 제작자들이 해결해야 할 문제와 같다. 그리고 비디오 게임에서 사용되는 물리 엔진도 가상 현실에서 사용되는 물리 엔진에 크게 뒤지지 않는다. 따라서 비디오 게임을 할 때 우리는 가상 현실을 경험한다고 할 수 있다.

증강 현실이란 무엇인가?

이제까지는 주로 가상의 사과를 따는 방법에 대해 이야기를 했다. 이제 밖으로 나가 과수원에 있는 진짜 사과를 따 보면 어떨까? 혼잡한 도로를 뚫고 몇 시간만 교외로 달리면, 진짜 사과나무가 가득한 과수원이 펼쳐진다. 그런데 아뿔싸! 지금이 봄이라는 사실을 깜박 잊고 있었다. 사과나무에는 아직 사과가 하나도 열리지 않았다!

현실의 제약이란 정말 냉정하다. 그래도 몇 시간이나 차를 타고 달려온 수고를 물거품이 되게 할 수는 없다. 우리가 현실을 바꾸어 보자. 노트북 컴퓨터에 장착된 카메라로 사과나무를 찍은 다음, 증강 현실* 프로그램으로 이 영상 속의 사과나무에 가상의 사과를 더해 준다. 이제 실제 사과나무에는 사과가 하나도 달리지 않았지만, 컴퓨터 화면 속의 사과나무에는 탐스러운 사과가 달려 있다. 이처럼 증강 현실은 실시간 비디오 트릭이라 할 수 있다.

● ● ●

증강 현실 눈에 보이는 실제 세계와 필요한 정보를 담고 있는 가상 세계를 합쳐 하나의 영상으로 보여 주는 가상 현실이다.

실시간 비디오 트릭은 텔레비전 방송에서 이미 많은 성공을 거두고 있다. 언젠가 텔레비전에서 스튜디오에 있는 진행자가 로켓포를 들고서 질문에 대답을 하지 않는 출연자를 위협하는 장면이 방영된 적이 있다. 물론 실제로 진행자는 손에 아무것도 들고 있지 않았다. 그가 로켓포를 들고 있는 장면은 모두 비디오 트릭이 연출해 낸 것이었다.

이런 기술은 우리가 축구 경기 중계 방송을 볼 때 화면 속에서 발견하는 광고에도 영향을 끼칠 수 있다. 즉 축구 경기가 중계 방송되고 있는 나라에 따라 광고를 바꾸는 것이다. 아마 프랑스 시청자들이 골대 너머의 광고판에서 정수기 회사 광고를 볼 때, 독일 시청자들은 시멘트 회사의 광고를 보게 되는 일이 생길 것이다.

비디오 트릭을 이용한 이런 증강 현실은 문화적으로도 이용된다. 예를 들어 박물관에서 그림을 감상하다가 관심이 가는 부분을 손가락으로 가리키면 증강 현실 시스템이 작동되기 시작한다. 일단 끼고 있는 헤드폰에서 그 부분에 대한 설명이 나오고, 이런 설명에 대한 이해를 도와줄 다른 내용들을 화살표와 함께 그림 위에 비춰 준다.

증강 현실은 우리가 하는 일을 도와줄 수도 있다. 우리가 불이 난 건물에 들어간 소방관이라고 하자. 지금은 연기가 너무

심해 방의 문이 어디에 있는지조차 알 수 없는 상황이다. 이때 증강 현실 시스템이 작동되면, 우리가 쓰고 있는 헬멧의 보안경에 건물과 방의 가상 영상이 나타난다. 그러면 우리는 앞을 볼 수 없는 상황에서도 문으로 가는 길을 찾게 된다. 마찬가지로 지독한 안개 속에 갇힌 비행기 조종사들도 활주로의 가상 영상을 이용해 비행기를 착륙시킬 수 있을 것이다.

증강 현실은 어떻게 만들까?

증강 현실 시스템은 거의 대부분 컴퓨터로 만든 영상을 기초로 한다. 이 시스템에서 컴퓨터는 일단 카메라로 찍은 영상을 분석해 원하는 것을 찾아내는 일부터 한다. 예를 들어 사과를 붙이기 위한 사과나무가 어디에 있는지, 로켓포를 쥐어 주기 위한 진행자의 손이 어디에 있는지, 적절한 광고를 올리기 위한 골대가 어디에 있는지, 그림에서 관심 있는 부분을 가리키는 손이 어디에 있는지, 연기로 가득한 방에서 문이 어디에 있는지, 안개 속에서 활주로가 어디에 있는지를 분석해야 한다.
만약 실제 세계에서 물체들의 위치를 확인하는 작업이 제대로 이루어지지 않으면, 사과는 사과나무 옆에 떠 있게 되고, 로켓포는 진행자의 손이 아닌 등에 붙게 되고, 광고가 골대를 가려 득점 장면을 못 보게 되고, 모나리자의 입을 가리켰는데 손에 대한 설명을 듣게 되며, 계단으로 통하는 문 대신 대신 화장실 문을 열고, 잘못된 활주로에 착륙하게 될 것이다. 증강 현실 작업이 어려운 것은 이처럼 실제 영상을 분석해 내는 일에 따르는 어려움 때문이다. 따라서 이 분야에서 이루어지는 연구의 대부분은 영상의 자동 해석을 목표로 하고 있다.

가상 현실을 두려워해야 할까?

영화 「매트릭스」*는 자기도 모르는 사이에 가상 세계 안에 빠져 있는 사람들의 이야기다. 그들이 몸담고 있는 실제 세계는 일종의 자궁이다. 그들은 그 안에서 움츠린 채 간신히 생명을 이어 가면서도 먹고 자고 일하고 사랑하는 일상적인 삶을 누리고 있다고 착각한다. 왜냐하면 나쁜 컴퓨터가 그들의 뇌에

● ● ●

매트릭스 미국 영화로, 두뇌 속의 기억을 조작하여 인간을 지배하려는 컴퓨터와 이에 저항하는 인간 사이의 대결을 그리고 있다.

비춘 환영을 실제 삶이라고 믿기 때문이다.

가상 현실의 미래가 「매트릭스」와 같은 것이라면, 걱정스러워지는 것은 당연하다. 하지만 「매트릭스」에서처럼 뇌 접속을 통해 가상 세계에 빠져들게 하는 경지에 이르려면 아직은 가야할 길이 멀다. 아직 그런 경지에 이르지 못했다고 해서 가상 현실이 전혀 문제가 되지 않는 것은 아니다. 비디오 게임 중독자들 중에는 현실과 접촉을 끊어 버린 채 스크린 속의 게임 세계에서 빠져나오지 못하는 사람도 있다. 이들은 현실과 게임을 구분하지 못하고 지하철에서 실수로 발을 밟은 사람들을 로켓포 한 방으로 쫓아 버리려는 생각도 서슴지 않는다.

다소 우스꽝스러운 이런 상황은 가상 영상의 수준이 실제 영상과 구분할 수 없을 정도로 급속하게 발전하고 있다는 사실에서 비롯된 것이다. 이런 상황은 물론 우리를 걱정스럽게 만든다. 하지만 가상 현실만이 '속임수'를 쓰는 것은 아니다. 앞에서 말했듯이 작은 딸기 사탕 하나에 들어간 감미료도 우리를 속인다. 우리는 그 사탕을 먹으면서 그것에 들어가지도 않은 딸기를 먹고 있다고 속고 만다.

보다 당황스러운 사례로 오손 웰즈 사건*을 들 수 있다. 웰즈가 쓴 한 편의 라디오 드라마는 100만 명이 넘는 미국 청취자들을 속인 적이 있다. 당시 그의 드라마를 청취하던 많은 사

그릇된 가상 현실을 실제 현실로 착각하지 않으려면 비판적인 사고가 필요하다.

람들이 외계인이 지구를 침공했다고 착각하며 소동을 벌였던 것이다. 이런 세상이다 보니, 우리는 우리 앞에 주어진 모든 것에 대해 비판적인 사고를 하게 된다.

많은 기술들이 그런 것처럼, 가상 현실도 악하거나 위험한 일에 이용될 수 있다. 하지만 가상 현실 자체가 총이나 로켓포처럼 본질적으로 해로운 것은 아니다. 또 「매트릭스」에서처럼 대중들을 자궁 안에 가두고 컴퓨터와 뇌를 연결하여 속이고자 한다면, 가상 현실보다 더 쉬운 방법들도 얼마든지 있을 것이다.

사실 가상 현실의 좋은 점들은 아주 많다. 가상 현실은 어려운 수술을 잘 해내고, 물건을 더 빨리 더 잘 만들도록 도와주며, 환자의 재활 훈련이 효과적으로 이루어지게 해 준다. 또 위험에 빠진 사람을 구해 주기도 하고, 색다른 세계에서 살아가는 아바타에 몰입하는 기쁨도 맛보게 해 준다. 따라서 실제 세계에서 살아가는 우리가 가상 현실이 주는 즐거움을 맘껏 누리는 것은 하나의 특권이라 할 수 있다. 가상 현실의 '속임수' 에

● ● ●

오손 웰즈 사건 1930년 10월 30일, 오손 웰즈가 쓴 라디오 드라마 「우주 전쟁」을 청취한 미국인들 중 일부가 실제로 우주 전쟁이 났다고 착각한 일이다. 마치 속보를 내보내듯 사이렌 소리와 함께 시작한 「우주 전쟁」의 도입부는 마치 실제 사건을 보도하는 것 같았다. 그래서 매스미디어에 대한 경험이 적었던 당시 사람들은 피난을 떠나는 등 대소동을 벌였다.

대한 걱정은 그것을 제대로 평가하며 누리고 나서 해도 늦지
않을 것이다.

더 읽어 볼 책들

- 김선희, 『**사이버 시대의 인격과 몸**』(아카넷, 2004).

- 이정우 외, 『**철학으로 매트릭스 읽기**』(이룸, 2003).

- 산드라 헬셀, 노용덕 옮김, 『**가상 현실과 사이버 스페이스**』(세종대학교 출판부, 1994).

- 수전 그린필드, 정병선 옮김, 『**브레인 스토리**』(지호, 2004).

- 피에르레비, 김동윤 옮김, 『**사이버 문화**』(문예 출판사, 2000).

옮긴이 | 김성희

부산대 불어교육과 및 동대학원을 졸업했으며 현재 전문 번역가로 활동 중이다.

민음 바칼로레아 51

가상 현실이 어떻게 가능할까?

2판 1쇄 펴냄 2021년 3월 30일
2판 4쇄 펴냄 2024년 8월 8일

1판 1쇄 펴냄 2007년 4월 12일
1판 2쇄 펴냄 2014년 11월 11일

지은이 | 로돌프 즐랭
감수자 | 이광근
옮긴이 | 김성희
발행인 | 박근섭
펴낸곳 | ㈜민음인

출판등록 | 2009. 10. 8 (제2009-000273호)
주소 | 06027 서울 강남구 도산대로 1길 62 강남출판문화센터 5층
전화 | 영업부 515-2000 **편집부** 3446-8774 **팩시밀리** 515-2007
홈페이지 | minumin.minumsa.com

도서 파본 등의 이유로 반송이 필요할 경우에는 구매처에서 교환하시고
출판사 교환이 필요할 경우에는 아래 주소로 반송 사유를 적어 도서와 함께 보내주세요.
06027 서울 강남구 도산대로 1길 62 강남출판문화센터 6층 민음인 마케팅부

㈜민음인은 민음사 출판 그룹의 자회사입니다.